ANALIZA KSIĄŻKI

Q & A

VIKAS SWARUP

ANALIZA KSIĄŻKI

Napisany przez Daphné Troniseck
Przetłumaczony przez Kâmil Kowalski

Q & A

VIKAS SWARUP

VIKAS SWARUP

INDYJSKI PISARZ I DYPLOMATA

- **Urodzony w Allahabad (Indie) w 1961 lub 1963 r.**
- **Godne uwagi prace:**
  - *Q & A* (2005), powieść
  - *Sześciu podejrzanych* (2008), powieść
  - *The Accidental Apprentice* (2014), powieść

Vikas Swarup urodził się na początku lat 60. i dorastał w rodzinie prawników, zanim rozpoczął karierę w dyplomacji. W ramach tej dziedziny zajmuje się w szczególności Turcją, Stanami Zjednoczonymi, Wielką Brytanią i Republiką Południowej Afryki. Od 2013 roku pracuje w Ministerstwie Spraw Zewnętrznych w New Delhi, gdzie mieszka z żoną, artystką, i ich dwoma synami.

Swarup wykorzystał swoją wyobraźnię i kreatywność, aby napisać swoje trzy powieści. Wszystkie jego książki to bestsellery, które otrzymały liczne nagrody, zostały przetłumaczone na dziesiątki języków i zaadaptowane na potrzeby kina. Ten pokaźny sukces można wyjaśnić w szczególności fascynacją, jaką kultura indyjska darzy resztę świata.

Q & A

MROCZNE, ALE BARWNE PRZEDSTAWIENIE WSPÓŁCZESNYCH INDII

- **Gatunek:** powieść

- **Wydanie referencyjne:** Swarup, V. (2005) *Q & A*. New York: Simon & Schuster.

- **Wydanie pierwsze:** 2005 r.

- **Tematyka:** współczesne Indie, miłość, teleturniej, szczęście

Q & A, które ukazało się w 2005 roku, to debiutancka powieść Vikasa Swarupa. Opowiada historię Ram Mohammad Thomasa, młodego, niewykształconego 18-letniego kelnera, który wygrywa teleturniej wiedzy ogólnej i zgarnia astronomiczną sumę miliarda rupii. Oskarżony o oszustwo, otrzymuje nakaz złożenia wyjaśnień, aby udowodnić swoją niewinność.

Powieść, która została przetłumaczona na 43 języki, szybko stała się bestsellerem i otrzymała wiele nagród literackich, w tym południowoafrykańską nagrodę Exclusive Books Boeke w 2006 roku oraz *Prix Grand Public* na Paryskich Targach Książki w 2007 roku. W następnym roku historia Swarupa została przeniesiona na duży ekran przez brytyjskiego reżysera Danny'ego Boyle'a pod tytułem *Slumdog Millionaire*. Film otrzymał wiele nagród, w tym osiem Oscarów, z czego dwa dla najlepszego filmu i najlepszego reżysera.

STRESZCZENIE

NIEWYKSZTAŁCONY KELNER ZOSTAJE MILIARDEREM

W indyjskiej wersji programu *"Kto chce zostać milionerem"* pojawia się nowy program obiecujący miliard rupii każdemu, kto poprawnie odpowie na zadane mu pytania. Pierwszy zawodnik, Ram Mohammad Thomas, to skromny 18-letni kelner, który walczy o przetrwanie w podzielonych społecznie współczesnych Indiach, naznaczonych przemocą. Nie ma on idealnego profilu, by wygrać grę; mimo to jego występ jest bezbłędny i wygrywa pulę.

Producenci teleturnieju nie spodziewali się jednak, że ktoś tak szybko wygra pieniądze; potrzebują jeszcze ośmiu miesięcy na spłatę długu związanego z produkcją programu. Ponadto są przekonani, że Ram oszukiwał. Ich podejrzenia sprawiają, że młody człowiek jest potajemnie torturowany przez policję, aby zmusić go do przyznania się do winy i podpisania oświadczenia o rezygnacji z wygranej. Następnie pojawia się prawniczka, Smita Shah, i choć Ram jej nie zna, oferuje mu obronę i wyciąga go z tego siłowego przesłuchania. Kiedy pyta go, jak udało mu się wygrać, odpowiada "Cóż, czyż nie miałem szczęścia, że zadawali tylko te pytania, na które znałem odpowiedzi?" (p. 17). Następnie rozpoczyna się długa spowiedź, w której Ram zagłębia się w przeszłość i wyjaśnia, dlaczego znał odpowiedzi na zadane mu pytania. Każde pytanie, oparte na ogólnej wiedzy dotyczącej Indii (ich historii, norm, kultury itp.), odnosi się do jednego z rozdziałów jego życia.

PECH W BOMBAJU

Po tym, jak Ram został porzucony jako niemowlę, zamieszkał z księdzem. Kiedy Ram miał osiem lat, ksiądz zmarł, a chłopiec został wysłany do szkoły poprawczej zamiast do ośrodka adopcyjnego, ponieważ był już za stary, by zostać adoptowanym. Położona w Delhi, jest "rozpadającym się domem, w którym jesteś zmuszony mieszkać w zatłoczonym dormitorium z dziesiątkami innych dzieci" (s. 73). Dzieci nie mają tam wystarczająco dużo jedzenia, ponieważ kucharz odsprzedaje przeznaczone dla nich mięso do restauracji. Po zachorowaniu na żółtaczkę Ram przechodzi samotną kwarantannę w sypialni. Wkrótce dołącza do niego nowy pacjent. Jest nim Salim, młody muzułmanin, który trafił do placówki po tym, jak zobaczył swoją rodzinę spaloną żywcem przez hindusów. Obaj chłopcy stają się najlepszymi przyjaciółmi.

Pewnego dnia Babu Pillai, notoryczny oszust, zaprasza Rama i Salima do swojej szkoły w Bombaju, pozwalając im opuścić szkołę poprawczą. Zostają odizolowani, aby mogli się szkolić w świętych hinduskich pieśniach i prawie nie widują innych dzieci, które są chore. Ram zdaje sobie jednak sprawę, że uczniowie muszą żebrać i że zostali okaleczeni, aby wzbudzić litość przechodniów. Następnie podsłuchuje rozmowę na ich temat: "Wysłać ich do pociągów od przyszłego tygodnia. My zrobimy je wieczorem. Po kolacji." (p. 97). Zdając sobie sprawę, że nadszedł ich czas na okaleczenie, Ramowi i Salimowi udaje się w porę uciec.

Dwaj chłopcy muszą pracować i wygodnie pamiętać, że jeden z młodych pacjentów Babu Pillai często idzie do domu Neelima Kumari, emerytowany "Tragedy Queen", który zlitował się nad nim i który szukał sługi. Ram składa podanie i otrzymuje posadę. Może wtedy wprowadzić się do *chawl* z Salimem, "wiązki jednopokojowych kamienic zajmowanych przez niższą klasę średnią" (s. 56). Jednak po tym, jak aktorka popełnia samobójstwo, prawdopodobnie z powodu trudności z brutalnym kochankiem, który ją bił, Ram zostaje zmuszony do pracy w odlewni.

Pewnego dnia Salim i Ram widzą przybycie nowych sąsiadów. Pan Shantaram jest znanym naukowcem, który bada gwiazdy i który jest alkoholikiem od czasu, gdy jeden z jego kolegów astronomów ukradł jego odkrycie. Nie jest w stanie utrzymać długoterminowej pracy z powodu swojego alkoholizmu i tak, wydając wszystkie swoje oszczędności, jest zmuszony przenieść *z* rodziną. Pan Shantaram jest brutalnym człowiekiem, który bije swoją żonę i córkę Gudiyę. Ram podtrzymuje dziewczynkę, trzymając ją za rękę przez dziurę między ich dwoma domami. Ściany nie są zbyt grube i pewnego dnia Ram słyszy, jak pan Shantaram próbuje zgwałcić swoją córkę. Kiedy widzi go potykając się z powrotem do domu następnego dnia, Ram skacze na niego i chybotliwe poręczy łamie się pod jego ciężarem, powodując pan Shantaram spaść kilka pięter. Przekonany, że zabił człowieka, Ram ucieka.

UCIECZKA DO AGRY

Po przyjeździe do Agry, Ram zostaje przewodnikiem po Tadż Mahal. Po jednej z wizyt, bardzo bogaci hinduscy studenci przyprowadzają go do dzielnicy czerwonych latarni, gdzie poznaje Nitę, prostytutkę, w której zakochuje się do szaleństwa. Nita czuje to samo, ale jej alfons, który jest również jej bratem, żąda od Rama fortuny, aby kupić jej wolność.

Po śmierci swojego przyjaciela Shankara, młodego człowieka, którego poznał w Agrze i który został zabity przez wściekłego psa, Ram dowiaduje się, że Nita trafiła do szpitala. Mężczyzna okaleczył ją, pobił i przypalił papierosem. Natychmiast rozpoznaje – tyleż fizycznie, co po sposobie zachowania – człowieka, który emocjonalnie zniszczył Neelimę Kumari, zadając jej to samo nadużycie: to prezenter telewizyjny Prem Kumar. Chcąc za wszelką cenę uratować Nitę, Ram kradnie pieniądze niezbędne do wykupienia jej wolności od matki Shankara, bogatej księżniczki. Gdy dociera do szpitala, upuszcza pieniądze na ziemię, a obecny na miejscu mężczyzna woła do niego: jego syn ma wściekliznę i jest na skraju śmierci. Prosi Rama, aby dał mu pieniądze, aby mógł kupić szczepionkę, która uratuje mu życie. Ram nie słucha i idzie do sypialni Nity.

Ale jej brat prosi go o więcej pieniędzy niż oczekiwano, stwierdzając, że to z jego powodu Nita jest w tym stanie i że musi również zapłacić jej opłaty szpitalne. Rozgoryczony Ram daje pieniądze ojcu umierającego chłopca, który przypomina mu o Shankarze. To właśnie wtedy zauważa reklamę w magazynie, w którym ludzie proszą o zapisanie się do teleturnieju *Kto chce być milionerem*, ze zdjęciem jego słynnego gospodarza, Prema Kumara. Jego decyzja jest podjęta. Zamierza wrócić do Bombaju.

KTO CHCE ZOSTAĆ MILIONEREM?

Podczas przerwy reklamowej przed ostatnim pytaniem quizu, Ram idzie do toalety z prezenterem, Premem Kumar. Rzeczywiście, rozpoznał go: to człowiek, który zaatakował Neelimę Kumari i Nita. Ram grozi mu pistoletem, ale nie jest zabójcą i nie udaje mu się pociągnąć za spust, zdając sobie sprawę, że nie może zabić kogoś z zimną krwią, nawet takich szumowin jak Prem Kumar.

W zamian za jego litość, Prem Kumar daje mu wskazówkę na temat odpowiedzi na ostatnie pytanie. Kiedy wraca na scenę, Ram gra w grę, najpierw używając swojego ostatniego koła ratunkowego (Telefon do przyjaciela), a następnie rzuca swoją szczęśliwą monetą, aby zdecydować o odpowiedzi na pytanie, które okazuje się być poprawne.

Pod koniec jego spowiedzi, prawnik Smita ujawnia Ram swoją prawdziwą tożsamość: to Gudiya, córka pana Shantaram, którego myślał, że zabił. W rzeczywistości tylko złamał mu nogę i ten nigdy nie dotknął córki ponownie po tym odcinku. Gudiya zrobił wszystko, aby odnaleźć Ram i podziękować mu. Pamięta o tym, jak przed laty ją uratował.

STUDIUM POSTACI

RAM MOHAMMAD THOMAS

Ram, najmłodszy i jedyny zwycięzca nowego teleturnieju Kto chce zostać Milionerem?, jest niewykształconym 18-letnim kelnerem. Został porzucony w dzieciństwie wieczorem w Boże Narodzenie przed kościołem św. Marii w Delhi. Przyjęty przez ojca Timothy'ego po tym, jak został po raz drugi porzucony przez parę, która go adoptowała, ma szczęśliwe dzieciństwo aż do śmierci księdza.

Mężczyźni z komitetu międzywyznaniowego przychodzą, aby upewnić się, że ojciec Timothy rzeczywiście adoptował małego sierotę. Aby uniknąć zamieszek lub wandalizmu jego kościoła (stosunki między różnymi wspólnotami religijnymi są napięte), przedstawiciele ci proponują zmianę imienia dziecka, które ojciec Timothy ochrzcił Joseph Mickael Thomas. Uważają to imię za zbyt chrześcijańskie i nie odzwierciedlające różnorodności Indii. Aby nie rozgniewać żadnej wspólnoty religijnej, ojciec Tomasz nadaje mu nowe imię Ram (imię hinduistyczne) Mohammad (imię muzułmańskie) Thomas (imię chrześcijańskie, które zachowuje od pierwszej pary, która go adoptowała). Na szczęście przedstawiciel Sikhów był tego dnia nieobecny...

Pomimo licznych wyzwań, jakie przed nim stoją, Ram zawsze okazuje się być bardzo hojny wobec słabszych. Kiedy zarabia na przyzwoite życie w Agrze, oprowadzając wycieczki po Tadż Mahal, nieustannie pożycza pieniądze swoim przyjaciołom, choć dobrze wie, że nigdy ich nie odzyska. Ponadto, kiedy zarabia 50 000 rupii po pracy dla bogatej rodziny w Delhi, jego pierwszą myślą jest powrót do Bombaju i podzielenie się nimi z Salimem. Ostatni przykład: po kradzieży pieniędzy, aby odkupić wolność Nity i w obliczu odmowy jej brata, Ram oferuje pieniądze człowiekowi, którego syn umrze na wściekliznę, jeśli nie dostanie ratującej życie szczepionki.

Ram jest też człowiekiem bardzo, może nawet nadmiernie, ciekawskim. Ale ta skaza charakteru pozwala mu uratować Salima ze szponów Gupty, asystenta dyrektora szkoły poprawczej, który szykował się do wykorzystania seksualnego. To również jego ciekawość napędza go do słuchania przez ścianę, która oddziela sypialnie w *chawl* i pozwala mu dowiedzieć się, że pan Shantaram jest napastowanie jego żona i jego córka Gudiya. Ram oferuje więc młodej dziewczynie braterskie wsparcie.

Ram nigdy nie był przyciągany przez pieniądze. Jest świadomy, że bycie bogatym jest dalekie od bycia szczęśliwym. Jego jedynym pragnieniem jest móc jeść i płacić za mieszkanie. Na co jeszcze on, głupia sierota, może liczyć? Kiedy zgłasza się do programu *Who Wants to Be a Millionaire?,* nie szuka pieniędzy, ale zemsty. Rozpoznaje Prema Kumara, prezentera programu, jako człowieka, który zaatakował zarówno Nitę, jak i Neelimę Kumari. Decyduje się na udział w programie, aby zabić mężczyznę, a szczęście pozwala mu odpowiedzieć poprawnie na wszystkie pytania quizu.

W epilogu odkrywamy, że szczodrość nadal kieruje jego działaniami: uwalnia żebracze dzieci, które są gnębione przez współpracowników Babu Pillai, podaje się za producenta, finansując film, w którym Salim bierze główną rolę, dzięki

czemu może zrealizować swoje marzenie o zostaniu aktorem, i kupuje wolność Nity, którą poślubia.

W końcu wszystkie wyzwania, z którymi mierzy się młody
bohater, nie idą na marne: pozwalają mu znaleźć miłość,
utrzymać przyjaciół i zdobyć wystarczająco dużo pieniędzy,
aby czynić dobro dla tych, którzy go otaczają. W nagrodę za
jego dobroć wszystkie elementy łączą się ze sobą, dzięki
czemu ma on wreszcie szczęśliwą egzystencję. "Szczęście
pochodzi z wewnątrz" (s. 318): to ostatnie słowa Rama, które
kończą opowieść, w której dobro i zło, które czyni każda jed-
nostka, ma wpływ na całe jej życie.

NITA

Nita jest prostytutką, która mieszka w Agrze. Ram poznaje ją,
gdy pracuje jako przewodnik turystyczny w Taj Mahal, a grupa
studentów zaprasza go do dzielnicy czerwonych latarni.
Początkowo uważając go za jednego klienta wśród innych,
Nita nie pozwala mu się zbliżyć, ale stopniowo ich relacja się
intensyfikuje i zakochują się w sobie do szaleństwa.

Nita nie jest jednak wolna, należy do swojego alfonsa, którym jest nikt inny jak jej brat. Nie wybrała sama swojej pracy
jako prostytutka, ale została do niej zmuszona przez rodzinę:
w niektórych religiach indyjskich młode kobiety w rodzinie są
wychowywane w tym celu. To właśnie dlatego nie lubi, gdy
mówi się jej, że jest ładna. Jej rodzina wybrała ją na prostytutkę zamiast jej siostry ze względu na jej urodę. Koszt jej
wolności to 400 000 rupii, kwota, którą Ram może zapłacić
dopiero po wygraniu teleturnieju.

GUDIYA SHANTARAM/SMITA SHAH

Smita jest prawniczką, która wyciąga Rama z brutalnego przesłuchania po jego zwycięstwie w teleturnieju. Jeśli chce, by mu
pomogła, musi najpierw opowiedzieć jej swoją historię.

Pod koniec opowieści Smita ujawnia swoją prawdziwą tożsamość. Nazywa się Gudiya i jest młodą dziewczyną, którą Ram
wspierał, gdy jej pijany ojciec znęcał się nad nią. Mówi mu, że
kiedy zepchnął jej ojca ze schodów, to wcale go nie zabił, a
jedynie złamał mu nogę. Od tamtej pory ojciec nigdy więcej jej
nie pobił.

Gudiya postawiła sobie za cel odnalezienie Rama, aby się
odwdzięczyć. Ciężko pracowała w szkole i została prawni-
kiem, jednocześnie próbując odnaleźć Rama. Pewnego dnia
wpadła na jego akta i pospieszyła mu z pomocą. Dzięki niej
Ram otrzymuje miliard rupii i żyje wygodnie do końca życia.
Łączy ich silna przyjaźń, która zaczęła się w dzieciństwie.

SALIM ILYASI

Salim, szczery i bardzo naiwny młody człowiek, jest najlep-
szym przyjacielem Rama. Osierocony w wieku 7 lat, patrzył
jak jego rodzina umiera, spalona żywcem przez Hindusów z
powodu ich muzułmańskich przekonań. Poznaje Rama w
szkole poprawczej, do której trafia po tej tragedii. Łączy ich
silna przyjaźń: razem uciekli od Babu Pillai, tuż przed pod-
daniem ich okaleczeniu, które skazałoby ich na żebranie.

Salim jest żywym i inteligentnym dzieckiem. Dobrze śpiewa i
szybko uczy się świętych pieśni podczas ich treningu w domu

Babu Pillai. Staje się zaradnym młodym człowiekiem, wykorzystującym każdą okazję, która może doprowadzić do spełnienia jego marzenia o zostaniu aktorem. Rzeczywiście, jest fanatykiem kina bollywoodzkiego. Wraz z Ramem przeskakuje z jednego obskurnego ekranu na drugi, by oglądać filmy z tego gatunku.

Niegdyś miliarder, Ram spełnia marzenie swojego najlepszego przyjaciela, oferując mu główną rolę w finansowanym przez siebie filmie, nie ujawniając, że ta okazja pochodzi od niego.

PREM KUMAR

Prem Kumar jest prezenterem programu *"Who Wants to Be a Millionaire?"*. Jest brutalnym mężczyzną, który lubi krzywdzić kobiety i jest zaangażowany w dość podejrzane sprawy. To właśnie dzięki temu, że prezentuje teleturniej, Ram postanawia się do niego zapisać z zamiarem zabicia go. W rzeczywistości rozpoznał go jako napastnika Neelimy Kumari i swojej ukochanej Nity.

Prem Kumar jest postacią nie do zniesienia. On próbuje wiele razy potknąć Ram lub po prostu zmienia pytanie podczas quizu, aby spróbować spowodować go do utraty pieniędzy, które już wygrał. Przed końcem quizu, Ram podąża za nim do toalety, grozi mu pistoletem i wyznaje, że wie o jego złych uczynkach. Aby zostać oszczędzonym, daje Ramowi wskazówkę, która pozwala mu poprawnie odpowiedzieć na ostatnie pytanie. Zostaje znaleziony martwy dwa miesiące później, prawdopodobnie został zamordowany przez oszustów, którzy wyprodukowali program.

SHANKAR

Shankar jest pierwszą osobą, którą Ram spotyka w Agrze. To on wprowadza Rama do pałacu księżniczki Swapna Devi, gdzie Ram, podobnie jak Shankar, wynajmuje sypialnię na poddaszu. Shankar jest w rzeczywistości nieślubnym synem księżniczki, którego ona nie chce uznać. Nie musi dla niej pracować, ale jest tylko tolerowany i musi zadbać o siebie, by przeżyć. Shankar jest młodym człowiekiem, który ma talent do rysowania i jest bardzo uprzejmy. Kiedy przybywa do Agry, Ram nie ma ani grosza przy duszy i nie może znaleźć miejsca do życia. To właśnie Shankar przygarnia go do swojej sypialni, dopóki nie znajdzie pracy.

Mówi szyfrem, co oznacza, że nikt nie jest w stanie zrozumieć, co mówi. W dzieciństwie przeżył traumę, gdy dowiedział się, kim jest jego matka. W nocy woła ją we śnie i tylko w tych momentach wyraża się normalnie. Jego podświadomość prawdopodobnie blokuje racjonalny język jako reakcja na odrzucenie przez matkę.

Shankar zostaje zabity przez wściekłego psa, a Ram, odkrywszy jego sekret w rysunkach, o które bardzo dbał, prosi matkę, by dała mu pieniądze na zakup szczepionki, która mogłaby uratować mu życie. Ta jednak odmawia, a Ram do samego końca opiekuje się Shankarem, który umiera w strasznych bólach. Oburzony obojętnością księżniczki, Ram włamuje się do jej pałacu podczas kolacji i zostawia martwe ciało Shankara na stole wśród gości.

ANALIZA

INDIE, INNY ŚWIAT

Indie znajdowały się pod kolonialną dominacją brytyjską od połowy XVIII wieku i od momentu uzyskania niepodległości w 1947 roku nie ustają w walce o zachowanie swojej kultury i tradycji. Według statystyk, kraj jest samowystarczalny, co oznacza, że jest w stanie wyprodukować wszystko, czego potrzebuje i nie musi importować żadnych towarów, w tym żywności. Będąc drugim po Chinach najludniejszym krajem świata (z 1,2 mld mieszkańców), Indie podejmują działania mające na celu uniknięcie nasycenia ziemi: wprowadzono politykę ograniczającą liczbę urodzeń i zachęca się do stosowania antykoncepcji poprzez sterylizację.

Indie były pierwszym krajem Azji Południowej, który w 1952 roku otworzył wybory powszechne, dlatego też uważa się je za "największą demokrację na świecie", pomimo dość wysokiego poziomu analfabetyzmu wśród ludności. Chociaż Indie są również przedstawiane jako kraj, w którym nie stosuje się przemocy, to jednak ich pionier Mahatma Gandhi (przywódca polityczny i przewodnik duchowy, 1869-1948) został zamordowany przez hindusów, którzy uznali go za zbyt tolerancyjnego wobec muzułmanów. Przemoc między różnymi religiami, które muszą żyć razem, zawsze istniała, ale przemoc społeczna i korupcja są również powszechne i jeszcze bardziej korumpują kraj, podobnie jak wyzysk niższych kast (lub "wyrzutków") przez wyższe kasty. Ponadto nasilają się nacjonalizmy zarówno wśród hindusów, jak i muzułmanów, powodując wiele konfliktów między tymi społecznościami w kraju, który jest praktycznie wielkości kontynentu i który obejmuje prawie tyle kultur, co cała Europa.

Mimo wszystko ta różnorodność kulturowa stanowi wielkie bogactwo dla kraju. Można wprowadzić wyraźniejsze rozróżnienie między ludnością z północy, która uległa wpływom Zachodu, a ludnością z południa, zwaną drawidyjczykami, która tworzy odrębną rodzinę językową. Kategorie te nie są ustalone w kamieniu i nadal zawierają wiele różnych religii (hinduizm, buddyzm, islam, dżinizm, katolicyzm, sikhizm itp.), które umożliwiły również rozwój wielu filozofii. Oprócz tej etnicznej i religijnej różnorodności, Indie muszą pogodzić się z dość sztywnym systemem kastowym, pomimo jego prawnego zniesienia przez Konstytucję w 1950 roku, która ogłosiła Indie świecką republiką, gdzie wszyscy mieszkańcy powinni być równi.

 ## KASTY

Kasty oparte są na zasadzie hierarchii odziedziczonej po starożytnych społeczeństwach subkontynentu indyjskiego. Ich korzenie tkwią w hinduizmie, ale dotyczą całej ludności Indii, niezależnie od jej przekonań religijnych. Mimo że konstytucja zakazała ich stosowania, system ten pozostaje głęboko zakorzeniony we współczesnym społeczeństwie i jest przyczyną wielu niesprawiedliwości. Istnieją cztery główne zhierarchizowane kasty: Bramini, obejmujący kapłanów i nauczycieli; Kshatriyas, którzy są wojownikami; Vashiyas, składający się z kupców; i Shudras, co odnosi się do sług.

Istnieje również piąta kasta, Dalitów, dawniej znana jako "niedotykalni", która obejmuje wszystkich ludzi wykonujących najbardziej nieczyste zawody (takie jak rzeźnicy) i którzy są w związku z tym "nieczyści". Są oni uważani w Indiach za "wyrzutków" i nie mogą do niczego dążyć.

Endogamia jest podstawową zasadą tego systemu i polega na tym, że członkowie danej kasty należą do niej przez całe życie i zawierają małżeństwa między sobą, ograniczając w miarę możliwości interakcje z innymi klasami społecznymi. Kasty są powiązane z karierą zawodową, choć dopasowanie to nie jest absolutne ze względu na pojawienie się wielu nowych zawodów.

To zróżnicowanie społeczne i sztywność systemu kastowego są w powieści szczególnie eksploatowane, zwłaszcza w opisie Bombaju, który wcześniej nazywał się Bombaj. Jest to najludniejsze miasto Indii i jedno z najbardziej nasyconych miast na ziemi. Znajdziemy tu wszystkie klasy społeczne: bogaci są właścicielami budynków, co jest symbolem sukcesu gospodarczego miasta, natomiast większość najbiedniejszych rodzin mieszka w slumsach, gdzie piętrzą się w maleńkich, niehigienicznych mieszkaniach.

ŚWIAT BOLLYWOOD

Bollywood (co pochodzi od słów "Bombaj" i "Hollywood") to nazwa nadana odnoszącemu sukcesy przemysłowi kina indyjskiego produkowanego w Bombaju i wykonywanego w języku hindi (który jest najczęściej używanym językiem w Indiach). Ten popularny gatunek filmowy sprawia, że kraj ten znajduje się w czołówce konsumentów i producentów filmów na świecie, z 15 milionami widzów dziennie i 1 200 produkowanymi rocznie filmami wszystkich gatunków. Termin "Bollywood" ma jednak w Indiach złą reputację, ponieważ jest zbyt podobny do Hollywood, od którego Indie chcą się odciąć, produkując filmy, które nie są utrzymane w tym samym stylu co amerykańskie blockbustery. Niemniej jednak gatunek ten w dużej mierze czerpał z filmów hollywoodzkich, zachowując jednocześnie własne normy i swoją szczególną tożsamość. Charakteryzuje się stylem zbliżonym do musicalu, w którym wiele scen jest śpiewanych i/lub tańczonych.

Kino bollywoodzkie jest obecnie eksportowane do niemal każdego kraju na świecie, poprzez podkreślanie jego dość egzotycznego stylu, który wywołuje pewną fascynację u zachodnich widzów. Jest to obraz zmieniających się Indii, z jednej strony zakotwiczonych w świeckich wartościach i tradycjach kulturowych, a z drugiej przyspieszających w zawrotnym tempie w kierunku modernizacji. Kino znalazło między nimi pewną równowagę, prezentując to, czego Hindusi oczekują od współczesnego świata, jednocześnie tłumiąc frustracje, z którymi się zmagają. Kino przyjmuje więc ważną rolę społeczną, co tłumaczy jego ogromny sukces w tym kraju.

Główne tematy, które są poruszane to ciężar konwenansów i niemożliwa miłość między różnymi kastami. Kiczowaty i kolorowy wystrój, dzikie tańce, skoczna muzyka i przerysowane postacie służą podtrzymaniu iluzji i zakotwiczeniu historii w nierzeczywistości. W większości filmów bohaterowie uwalniają się od presji społecznej i pokonują ideę kasty, co jest dozwolone, bo jest fikcyjne.

Powieść Swarupa nawiązuje do tego uniwersum szczególnie poprzez marzenie, które popycha Salima do zostania gwiazdą bollywoodzkiego kina, ale także poprzez podobne wątki, które przedstawia.

SLUMDOG MILLIONAIRE: OD KSIĄŻKI DO FILMU

Kiedy Tessa Ross, dyrektorka działu filmów i telefilmów w brytyjskiej stacji telewizyjnej Channel 4, przeczytała szkic powieści Vikasa Swarupa, zanim jeszcze został on zmontowany, poprosiła o prawa do adaptacji kinowej. Rzeczywiście, od razu wyczuła zainteresowanie tą powieścią, która podkreśla mało znaną w zachodnim społeczeństwie rzeczywistość: coraz wyraźniejsze dysproporcje w Indiach między biednymi, którzy mieszkają w slumsach, a wyłaniającym się tłumem "nowobogackich".

Ale adaptacja książki na wersję filmową nie jest łatwym zadaniem, zwłaszcza że powieść nie śledzi życia swojego bohatera w sposób linearny. W rzeczywistości składa się z 12 rozdziałów, z których każdy dotyczy konkretnego epizodu z życia Rama i jest skonstruowany w sposób chaotyczny. Niektóre z nich można porównać do krótkich opowiadań, które nie mają żadnego związku z głównymi bohaterami. Na koniec każdego rozdziału wracamy do teleturnieju, gdzie opisany właśnie epizod z życia Rama pozwala mu odpowiedzieć na pytanie.

To brytyjski reżyser Danny Boyle (ur. 1956) zrobił z tego filmu komedię graniczącą z bajką, w której przechodzimy od śmiechu do płaczu. Powrót do teleturnieju na końcu każdego odcinka życia Rama pozwala na mieszanie gatunków i nadaje filmowi pewien rytm. Ponadto, w przeciwieństwie do indyjskiego twórcy, który być może nie zwróciłby uwagi na pewne szczegóły, angielski reżyser, któremu obca była kultura Indii, był w stanie wnieść do filmu nowe, zewnętrzne spojrzenie i zupełnie inną energię.

Scenariusz dość swobodnie nawiązuje do oryginalnego tekstu, zwłaszcza jeśli chodzi o bohaterów. Ram i Salim nie są już przyjaciółmi, ale braćmi, a Salim jest negatywną postacią, która sprowadza Rama na ziemię. Postać Nity, narzeczonej Rama, pojawia się w filmie znacznie wcześniej, a postać Gudiya/Smity została po prostu usunięta. O ile w opowieści Swarupa Ram gra w teleturnieju z zamiarem pomszczenia Nity i czynienia dobra dla otoczenia, o tyle w wersji filmowej to przynęta pieniędzy przyciąga młodego człowieka. Obszar, na którym spotykają się oba media, dotyczy przekazywanego komunikatu: poznania Indii w slumsach i ich kontrastów.

Po wejściu do kin w październiku 2008 roku film *Slumdog Millionaire odniósł* ogromny sukces na całym świecie. Zdobył wiele nagród, w tym siedem BAFTA (British Academy of Film and Television Arts), cztery Złote Globy i nie mniej niż osiem Oscarów w 2009 roku. To dowód na to, jak bardzo Indie fascynują resztę świata.

DALSZA REFLEKSJA

KILKA PYTAŃ DO PRZEMYŚLENIA...

- Vikas Swarup decyduje się na niechronologiczny łańcuch zdarzeń w swojej powieści. Jaki wpływ ma ten wybór?

- Dlaczego Ram otrzymuje imiona od różnych religii?

- Ram pod koniec powieści pozbywa się swojej monety szczęścia. Jak myślisz, co oznacza ten gest?

- Dlaczego Prem Kumar próbuje wprowadzić Rama w błąd podczas teleturnieju?

- Kiedy Ram kieruje broń w stronę Prem Kumara, co powstrzymuje go przed pociągnięciem za spust?

- Czy uważasz, że Ram zasłużył na wygranie miliarda rupii, biorąc pod uwagę, że Prem Kumar dał mu wskazówkę dotyczącą ostatniego pytania? Uzasadnij swoją odpowiedź.

- Jakie przesłanie chce przekazać Vikas Swarup, opowiadając historię młodego człowieka, który doświadcza serii nieszczęść i z dnia na dzień widzi, jak jego życie wywraca się do góry nogami?

- Dlaczego współczesne Indie walczą o zniesienie kast? Rozwiń swoją odpowiedź.

- Gdyby Ram należał do jakiejś kasty, jak myślisz, która by to była? Rozwiń swoją odpowiedź.

- Popularne kino bollywoodzkie budzi fascynację tak samo wśród indyjskich, jak i zachodnich widzów. Jakie są przyczyny jego sukcesu? Czy są one takie same dla Hindusów i ludzi Zachodu? Rozwiń swoją odpowiedź.

- Dlaczego filmowa adaptacja tej powieści była tak popularna? Rozwiń swoją odpowiedź.

DALSZE CZYTANIE

WYDANIE REFERENCYJNE

Swarup, V. (2005) *Q & A*. New York: Simon & Schuster.

ADAPTACJE

Slumdog Millionaire. (2008) [Film]. Danny Boyle. Dir. UK/USA: Warner Bros.

Chcemy usłyszeć od Ciebie, co się dzieje!
Zostaw komentarz na temat swojej internetowej biblioteki
i podziel się swoimi ulubionymi książkami w mediach społecznościowych!

Wydawca zapewnia o wiarygodności publikowanych informacji, co jednak nie może wiązać się z jego odpowiedzialnością.

www.50minutes.com

Master ISBN: 9782808695343
Papierowy ISBN: 9782808616744
Depozyt prawny: D/2023/12603/1954

Verhaal: © Primento

Projekt cyfrowy: Primento, cyfrowy partner wydawców.